Kommunikation in der Physiotherapie

B1/B2

Nützliche Redewendungen und mehr für den beruflichen Alltag

Kommunikation in der Physiotherapie

B1/B2

Nützliche Redewendungen und mehr für den beruflichen Alltag

von Dr. Monika Rapp und

Dragana Angirevic

Impressum:

Bibliografische Information der Deutschen
Nationalbibliothek: Die Deutsche Nationalbibliothek
verzeichnet diese Publikation in der Deutschen
Nationalbibliografie; detaillierte bibliografische
Daten sind im Internet über dnb.dnb.de abrufbar.

Verlag: BoD · Books on Demand GmbH, In de Tarpen 42,
22848 Norderstedt, bod@bod.de
Druck: Libri Plureos GmbH, Friedensallee 273,
22763 Hamburg

ISBN: 978-3-7693-2295-8

Anmerkung:
Die weiblichen und männlichen Bezeichnungen, also
Physiotherapeut/Physiotherapeutin sowie Patient/
Patientin wählten wir zufällig.

Zu den Autorinnen:

Dr. Monika Rapp hat Deutsch als Fremdsprache studiert und in Biologie ist sie promoviert. Ihre Diplomarbeit in Biologie fertigte sie an einem Krankenhaus an. Sie unterrichtet seit mehr als 20 Jahren Deutsch als Fremdsprache an verschiedenen Bildungseinrichtungen, darunter berufsbezogene Sprachkurse, jeweils mit dem Schwerpunkt im medizinischen Bereich.

Dragana Angirevic hat das Studium der Physiotherapie abgeschlossen und verfügt über 3 Jahre Berufserfahrung. Aktuell befindet sie sich in Elternzeit.

Inhalt

1 Körperteile

Ansicht von vorn:

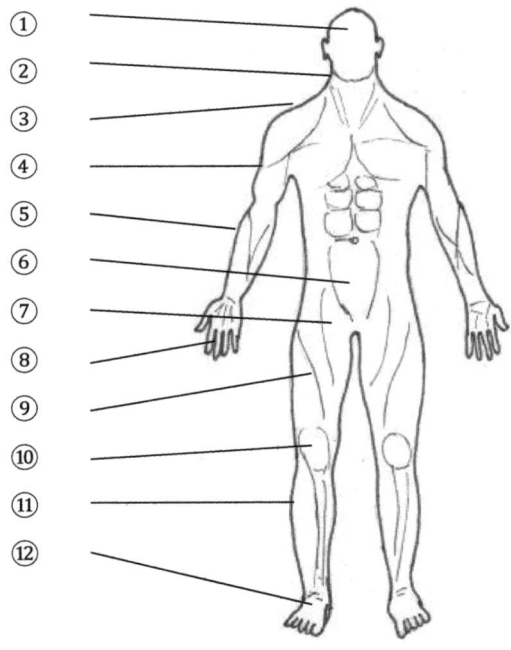

1. die Stirn	7. die Leiste
2. der Hals	8. die Hand
3. die Schulter	9. der Oberschenkel
4. der Oberarm	10. das Knie
5. der Unterarm	11. der Unterschenkel
6. der Bauch	12. der Fuß

Ansicht von hinten:

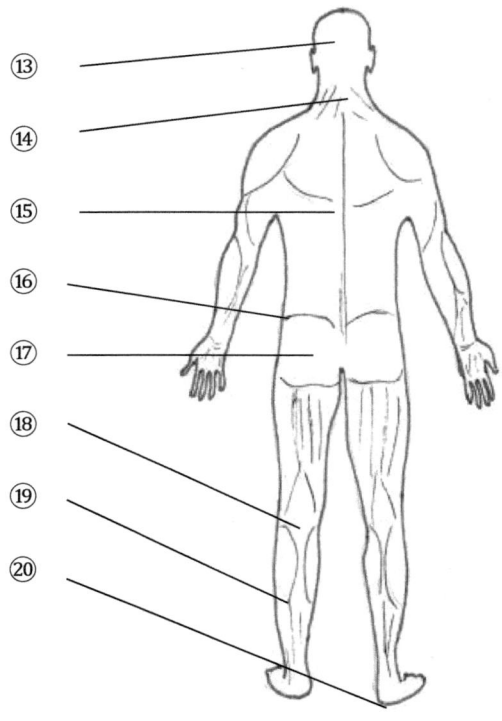

13. der Hinterkopf
14. der Nacken
15. der Rücken
16. die Hüfte
17. das Gesäß/der Po
18. die Kniekehle

19. die Wade
20. die Ferse

2 Begrüßung/Verabschiedung

Guten Tag, mein Name ist...

Ich begrüße Sie.

Ich bin Ihr Physiotherapeut./Ich bin Ihre Physiotherapeutin.

Wie fühlen Sie sich heute?

Können Sie mir zeigen, wo Sie Schmerzen haben?

Wie stark sind die Schmerzen auf einer Skala von 1 bis 10?

Seit wann haben Sie diese Beschwerden?

Haben Sie gut geschlafen?

Hallo, ich hoffe, Sie fühlen sich gut. Wir werden heute an Ihrer Mobilität arbeiten.

Hallo, ich hoffe, Sie fühlen sich gut. Wir werden heute an Ihrer Beweglichkeit arbeiten.

Ich möchte heute mit Ihnen einige Übungen durchgehen. Sind Sie bereit?

Wir werden heute ein paar Übungen durchführen.

Wir sind fast fertig für heute.

Bis morgen, Frau/Herr [Nachname]. Denken Sie daran, Ihre Übungen regelmäßig zu machen!

Ich hoffe, die Übungen haben Ihnen geholfen. Ich komme morgen wieder, um mit Ihnen weiterzumachen.

Ich wünsche Ihnen einen angenehmen Tag. Erholen Sie sich gut!

Wir sehen uns morgen wieder.

Bis morgen. Ich wünsche Ihnen einen schönen Tag.

3 Bewegung der Körperteile

3.1 Kopf

Drehen Sie den Kopf nach links!

Drehen Sie den Kopf nach rechts!

Können Sie den Kopf drehen?

Rotieren Sie den Kopf!

Beugen Sie den Kopf nach vorne, um die Nackenmuskulatur zu dehnen.

Neigen Sie den Kopf nach hinten, um den oberen Rücken zu entspannen.

Drehen Sie den Kopf nach rechts, um die Beweglichkeit zu verbessern.

Drehen Sie den Kopf nach links und halten Sie die Position für einige Sekunden.

Neigen Sie den Kopf zur Seite, um die seitlichen Nackenmuskeln zu dehnen.

Kreisen Sie den Kopf langsam, um die Nackensteifheit zu lösen.

Richten Sie den Kopf auf, um eine aufrechte Haltung zu fördern.

Neigen Sie den Kopf nach vorne und atmen Sie tief ein.

Neigen Sie den Kopf zur Schulter, um die Schultermuskeln zu dehnen.

Ziehen Sie den Kopf zur Brust, um die Nackenmuskeln zu entspannen.

Schieben Sie den Kopf nach oben, um die Wirbelsäule zu strecken.

Drehen Sie den Kopf von einer Seite zur anderen, um die Flexibilität zu erhöhen.

Kreisen Sie den Kopf im Uhrzeigersinn und dann gegen den Uhrzeigersinn.

3.2 Schulter

Heben Sie die rechte Schulter!

Heben Sie die linke Schulter!

Heben Sie beide Schultern gleichzeitig!

Kreisen Sie die Schultern nach vorne und dann nach hinten!

Heben Sie die Schultern bis zu den Ohren und senken Sie sie dann wieder!

Dehnen Sie die Schulter zur Seite, indem Sie den Arm über den Kopf ziehen!

Strecken Sie die Arme nach vorne und ziehen Sie die Schulterblätter zusammen!

Bewegen Sie die Schultern nach vorne und dann nach hinten!

Ziehen Sie einen Arm über die Brust und dehnen Sie die Schulter!

Ziehen Sie die Schultern nach oben und halten Sie die Position für einige Sekunden!

Bewegen Sie die Schultern in kleinen kreisenden Bewegungen!

Verschränken Sie die Arme hinter dem Rücken und dehnen Sie die Schultern!

Kreisen Sie die Schultern langsam nach hinten!

Heben Sie die Schultern abwechselnd bis zu den Ohren!

Lassen Sie die Schultern entspannt hängen und atmen Sie tief ein!

Ziehen Sie die Schultern nach hinten und unten, um die Brust zu öffnen!

Bewegen Sie die Schultern nach vorne und unten, um die Schulterblätter zu lockern!

3.3 Arme

Beugen Sie den Arm!

Bewegen Sie den Arm nach oben!

Bewegen Sie den Arm nach unten!

Drehen Sie den Arm!

Strecken Sie den Arm!

Heben Sie die Arme über den Kopf und senken Sie sie dann langsam wieder!

Machen Sie große Kreise mit den Armen, zuerst nach vorne und dann nach hinten!

Strecken Sie die Arme gerade nach vorne und halten Sie die Position für einige Sekunden!

Strecken Sie die Arme zur Seite aus und halten Sie sie auf Schulterhöhe!

Überkreuzen Sie die Arme vor der Brust und wechseln Sie die Seiten!

Kreisen Sie die Schultern nach vorne und dann nach hinten!

Strecken Sie die Arme nach hinten, als ob Sie etwas hinter sich greifen möchten!

Kreuzen Sie die Arme vor der Brust und halten Sie die Position!

Schwingen Sie die Arme locker seitlich des Körpers hin und her!

Legen Sie die Hände hinter den Rücken und dehnen Sie die Schultern!

Strecken Sie die Arme weit nach oben und dehnen Sie sich!

Strecken Sie die Arme und tun Sie, als ob Sie nach etwas greifen würden!

Schwingen Sie die Arme locker vor dem Körper hin und her!

3.4 Hüfte/Becken

Beugen und strecken Sie die Hüften im Wechsel!

Spreizen Sie die Beine seitlich ab, um die Hüftmuskulatur zu stärken!

Machen Sie einen tiefen Ausfallschritt, um die Hüften zu dehnen!

Schieben Sie die Hüften abwechselnd nach vorne und hinten!

Dehnen Sie die Hüften seitlich, indem Sie den Oberkörper zur Seite neigen!

Heben Sie die Beine abwechselnd an, um die Hüftbeuger zu aktivieren!

Legen Sie sich auf den Rücken und heben Sie die Hüften nach oben!

Machen Sie Kniebeugen, um die Hüft- und Oberschenkelmuskulatur zu stärken!

Gehen Sie in den Vierfüßler-Stand und heben Sie ein Bein seitlich an!

Legen Sie sich auf den Rücken und ziehen Sie ein Knie zur Brust, während das andere Bein gestreckt bleibt!

Schwingen Sie die Beine abwechselnd seitlich des Körpers!

Stellen Sie sich mit den Füßen hüftbreit auseinander und bewegen Sie die Hüften im Kreis!

Stehen Sie aufrecht, bringen Sie ein Bein vor das andere und lehnen Sie sich leicht nach vorne, um die Hüftbeugemuskulatur zu dehnen!

Stehen Sie auf einem Bein und pendeln Sie das andere Bein vor und zurück, um die Hüfte zu mobilisieren!

Heben Sie das Becken vorsichtig an!

3.5 Beine

Strecken Sie das linke Bein!

Strecken Sie das rechte Bein!

Strecken Sie beide Beine gleichzeitig!

Heben Sie die Beine im Wechsel an und senken Sie sie langsam wieder!

Spreizen Sie die Beine seitlich ab und halten Sie die Position!

Schwingen Sie die Beine abwechselnd vor und zurück, um die Muskeln zu lockern!

Beugen und strecken Sie die Beine im Wechsel!

Ziehen Sie das Knie zur Brust und halten Sie die Position für einige Sekunden!

Machen Sie Kniebeugen, um die Beinmuskulatur zu stärken!

Heben Sie die Beine abwechselnd in die Höhe!

Machen Sie kreisende Bewegungen mit den Beinen!

Kreisen Sie Ihre Beine!

Heben Sie die Fersen vom Boden ab und balancieren Sie auf den Zehen!

Schwingen Sie die Beine abwechselnd seitlich des Körpers!

Bewegen Sie die Knie im Kreis, um die Gelenke zu mobilisieren!

Strecken Sie die Beine nach hinten, um die hinteren Oberschenkelmuskeln zu dehnen!

Stehen Sie auf einem Bein und versuchen Sie das Gleichgewicht zu halten!

Heben Sie das Bein seitlich an und senken Sie es dann langsam wieder!

Ziehen Sie die Fersen zum Gesäß, um die Oberschenkelmuskeln zu dehnen!

Versuchen Sie, das Bein so gerade wie möglich zu halten, während Sie es anheben!

Heben Sie die Zehen an und senken Sie sie wieder ab!

Gehen Sie auf die Zehenspitzen und senken Sie die Fersen langsam wieder ab!

Halten Sie das Bein gestreckt und senken Sie es wieder ab!

Winkeln Sie das rechte Bein an!

Winkeln Sie das linke Bein an!

Stellen Sie sich auf die Zehenspitzen!

Massieren Sie Ihre Waden durch Hin- und Herbewegungen auf der Rolle!

4 Aufforderungen

4.1 Allgemein

Atmen Sie durch die Nase ein und durch den Mund aus!

Setzen Sie sich aufrecht hin!

Drehen Sie sich auf die Seite und stützen Sie sich am Bett ab, wenn Sie sich hinsetzen!

Üben Sie selbstständig!

Kippen Sie das Becken und richten Sie es wieder auf!

Stellen Sie sich eine Waschschüssel vor, die Sie nach vorn und hinten ausschütten!

Setzen Sie beim Gehen zuerst die Ferse auf den Boden!

Wenn Sie Schmerzen haben, atmen Sie lange und langsam durch den Mund aus!

Setzen Sie sich an die Bettkante!

Heben Sie die Füße beim Gehen!

Nutzen Sie den Handlauf an der Treppe!

Benutzen Sie Hilfsmittel zum Gehen!

Ziehen Sie an dem Hebel, um den Gehwagen hochfahren zu lassen!

Atmen Sie tief ein und aus!

Bitte sagen Sie mir, wenn Sie Schmerzen verspüren!

Versuchen Sie, sich zu entspannen!

Bitte halten Sie diese Position für zehn Sekunden!

Trinken Sie genug Wasser während der Übungen!

4.2 An der Treppe

Allgemeine Anleitungen:

Steigen Sie die Treppe langsam hinauf!

Gehen Sie vorsichtig die Stufen hinunter!

Nutzen Sie das Geländer zur Unterstützung!

Setzen Sie beide Füße vollständig auf die Stufe!

Vermeiden Sie es, sich nach vorne zu lehnen!

Verlagern Sie Ihr Gewicht gleichmäßig auf beide Beine!

Halten Sie den Kopf aufrecht und schauen Sie nach vorne!

Heben Sie die Knie beim Aufsteigen etwas höher an!

Vermeiden Sie es, auf den Zehenspitzen zu gehen!

Nutzen Sie beide Hände am Geländer, wenn nötig!

Achten Sie darauf, die Füße nicht über die Kante der Stufe hängen zu lassen!

Nutzen Sie das Geländer zur zusätzlichen Stabilität!

Gehen Sie in einem ruhigen und gleichmäßigen Rhythmus!

Halten Sie die Balance bei jeder Stufe!

Achten Sie darauf, keine Stufe zu überspringen!

Achten Sie auf die Höhe der Stufen!

Nehmen Sie sich Zeit bei jeder Stufe!

Gehen Sie gleichmäßig und ruhig!

Gehen Sie Schritt für Schritt, ohne zu eilen!

Dialog:

PT Guten Tag, Frau/Herr [Nachname]. Heute üben wir das Treppen-steigen. Sind Sie bereit?
PAT Ja, ich bin bereit, aber ich bin ein bisschen nervös.

PT Keine Sorge, ich bin hier, um Ihnen zu helfen. Halten Sie sich bitte am Geländer fest!
PAT Okay, ich halte mich fest.

PT Setzen Sie zuerst den stärkeren Fuß auf die nächste Stufe!
PAT So, richtig?

PT Ja, genau. Jetzt den schwächeren Fuß nachziehen!
PAT Das ist schwer, aber es geht.

PT Nehmen Sie sich Zeit und atmen Sie ruhig weiter!
PAT Gut, ich mache das langsam.

PT Sehr gut! Wiederholen Sie das jetzt bis zur nächsten Stufe!
PAT Ich fühle mich sicherer jetzt.

PT Wunderbar! Wenn Sie sich unsicher fühlen, sagen Sie mir bitte sofort Bescheid!
PAT Ja, ich werde Bescheid sagen.

4.3 Übung mit dem Gehwagen

Allgemeine Anleitungen:

Setzen Sie sich auf die Bettkante!

Stellen Sie beide Füße fest auf den Boden!

Der Gehwagen sollte direkt vor Ihnen stehen.

Greifen Sie fest die Griffe des Gehwagens!

Beugen Sie sich leicht nach vorne in Richtung Gehwagen!

Drücken Sie sich mit den Händen vom Bett und den Füßen vom Boden hoch, um aufzustehen!

Stehen Sie aufrecht und halten Sie den Gehwagen stabil vor sich!

Heben Sie den Gehwagen etwa 30 cm vor sich an!

Machen Sie zuerst einen Schritt mit dem schwächeren Bein!

Stützen Sie sich auf den Gehwagen und machen Sie dann einen Schritt mit dem stärkeren Bein!

Halten Sie die Balance und greifen Sie den Gehwagen fest!

Wiederholen Sie die Schritte langsam und stabil!

Wenn Sie sich unsicher fühlen, bleiben Sie sofort stehen und passen Sie den Gehwagen an!

Gehen Sie rückwärts, bis Sie die Stuhlkante hinter Ihren Knien spüren!

Stellen Sie den Gehwagen sicher vor sich ab!

Beugen Sie sich leicht nach vorne und legen Sie die Hände auf den Stuhl, um sich vorzubereiten!

Beugen Sie langsam die Knie und setzen Sie sich, während Sie sich bei Bedarf auf die Hände und den Gehwagen stützen!

Sitzen Sie gerade, mit beiden Füßen flach auf dem Boden!

Dialog:

PT Hallo, Frau/Herr [Nachname]. Heute üben wir das Gehen mit dem Gehwagen. Haben Sie ihn schon einmal benutzt?
PAT Nein, das ist mein erstes Mal.

PT Keine Sorge, ich zeige Ihnen, wie es geht. Stellen Sie sich neben den Gehwagen und halten Sie sich mit beiden Händen fest!
PAT In Ordnung.

PT Schieben Sie den Gehwagen ein kleines Stück nach vorne und machen Sie dann einen Schritt!
PAT So, richtig?

PT Ja, genau so. Sehr gut! Jetzt wiederholen Sie das!
PAT Das ist gar nicht so schwer.

PT Prima! Gehen Sie in Ihrem eigenen Tempo und halten Sie einen sicheren Stand!
PAT Okay, ich fühle mich sicherer.

PT Wenn Sie müde werden oder Schmerzen haben, sagen Sie mir bitte Bescheid!
PAT Ja, ich werde Bescheid sagen.

PT Sehr gut, Frau/Herr [Nachname]. Das war eine gute Übung.
PAT Vielen Dank für Ihre Hilfe.

4.4 Vom Bett aufstehen und sich hinlegen

Allgemeine Anleitungen:

Drehen Sie sich auf die Seite!

Bitte drehen Sie sich jetzt langsam auf die rechte/linke Seite, zu mir hin!

Beugen Sie Ihre Knie und ziehen Sie sie in Richtung Brust!

Lassen Sie Ihre Beine über der Bettkante hängen!

Stützen Sie sich mit dem Ellenbogen Ihrer oberen Hand ab!

Drücken Sie sich mit Ihren Armen hoch, bis Sie sitzen!

Stellen Sie beide Füße fest auf den Boden!

Stellen Sie Ihre Füße flach auf den Boden und versuchen Sie langsam aufzustehen!

Stehen Sie langsam auf, indem Sie sich auf Ihre Füße stützen!

Stehen Sie fest? Sie können sich an mir abstützen, wenn Sie Unterstützung brauchen.

Wir legen Sie jetzt wieder ins Bett. Ich werde Ihnen dabei helfen.

Setzen Sie sich auf die Bettkante!

Drehen Sie sich auf die Seite, während Sie sich mit den Armen stützen!

Legen Sie Ihren Oberkörper langsam auf das Bett!

Strecken Sie die Beine aus und legen Sie sich bequem hin!

Passen Sie Ihre Position an, bis Sie sich wohlfühlen!

Ich werde Ihnen jetzt helfen, sich auf die Seite zu drehen.

Bitte beugen Sie Ihre Knie und ziehen Sie sie leicht an!

Jetzt drehe ich Sie langsam auf Ihre rechte/linke Seite.

Fühlen Sie sich so bequem? Brauchen Sie noch etwas?

Dialog:

PT Guten Tag, Frau/Herr [Nachname]. Heute üben wir das sichere Aufstehen und Hinlegen. Sind Sie bereit?
PAT Ja, ich bin bereit.

PT Gut. Zuerst setzen Sie sich bitte auf die Bettkante!
PAT Okay, ich bin jetzt auf der Bettkante.

PT Stellen Sie die Füße flach auf den Boden und lehnen Sie sich leicht nach vorne!
PAT So, richtig?

PT Ja, genau. Jetzt drücken Sie sich mit den Händen vom Bett hoch und stehen Sie langsam auf!
PAT Das ist ein bisschen schwer, aber ich schaffe es.

PT Sehr gut! Jetzt stehen Sie. Wenn Ihnen schwindelig wird, setzen Sie sich bitte sofort wieder hin!
PAT Mir ist nicht schwindelig. Es geht.

PT Gut, um sich wieder hinzulegen, setzen Sie sich zuerst auf die Bettkante!
PAT Okay, ich sitze.

PT Lehnen Sie sich langsam zurück und ziehen Sie die Beine aufs Bett!
PAT So, jetzt liege ich wieder.

PT Sehr gut gemacht! Wenn Sie das alleine machen, achten Sie bitte immer darauf, sich langsam zu bewegen!
PAT Ja, ich werde vorsichtig sein.

5 Patientenmotivation

Sie machen das großartig, weiter so!

Sie machen das sehr gut!

Jeder Schritt bringt Sie näher an Ihr Ziel.

Glauben Sie an sich selbst, Sie schaffen das!

Denken Sie daran, warum Sie angefangen haben!

Bleiben Sie dran, es lohnt sich!

Sie sind stärker als Sie denken.

Jeder Tag bringt neue Erfolge.

Schritt für Schritt zum Ziel.

Ich bin stolz auf Ihre Fortschritte.

Nur noch ein bisschen, Sie sind fast da.

Gemeinsam erreichen wir das Ziel.

Bleiben Sie positiv und fokussiert!

Mit jedem Training werden Sie stärker.

Vertrauen Sie auf den Prozess!

Sie sind auf dem richtigen Weg.

Wir werden jeden Tag Fortschritte sehen.

Bravo!

Sie können stolz auf sich sein.

Es ist wichtig, dass Sie regelmäßig üben.

Sie können jederzeit eine Pause machen.

6 Fragen

Treiben Sie Sport oder bewegen Sie sich regelmäßig?

Können Sie die Schuhe allein anziehen?

Wie viele Stockwerke müssen Sie zu Hause gehen?

Benutzen Sie Hilfsmittel zum Gehen und haben Sie schon welche zu Hause?

Haben Sie diese Übung schon einmal gemacht?

Können Sie diese Bewegung wiederholen?

Wo genau haben Sie Schmerzen?

Seit wann haben Sie diese Beschwerden?

Haben Sie eine Vorstellung davon, wodurch die Schmerzen ausgelöst wurden?

Wie würden Sie den Schmerz beschreiben? (z. B. stechend, ziehend, dumpf)

Verändert sich der Schmerz im Laufe des Tages?

Gibt es Zeiten am Tag, zu denen die Beschwerden besonders stark sind, z.b. morgens nach dem Aufstehen oder abends?

Gibt es bestimmte Auslöser für Ihre Schmerzen?

Gibt es Bewegungen oder Aktivitäten, die den Schmerz verstärken?

Haben Sie bereits Behandlungen oder Therapien ausprobiert?

Wie war Ihre Erfahrung mit bisherigen Behandlungen?

Haben Sie Schmerzen auch in Ruhe oder nur bei bestimmten Bewegungen?

Beeinflusst der Schmerz Ihren Alltag oder Ihre Arbeit?

Haben Sie andere gesundheitliche Probleme oder Vorerkrankungen?

26

Nehmen Sie aktuell Medikamente? Wenn ja, welche?

Nehmen Sie Medikamente, die die Schmerzen lindern?

Gibt es bestimmte Bewegungen oder Haltungen, die den Schmerz lindern?

Wie ist Ihr allgemeines Energielevel und Wohlbefinden?

Haben Sie bereits Operationen, insbesondere am Bewegungsapparat, gehabt?

Sind bestimmte Gelenke oder Muskeln besonders steif?

Wie oft verspüren Sie Verspannungen oder Muskelkrämpfe?

Gibt es familiäre Häufungen bei ähnlichen Beschwerden?

Was sind Ihre Erwartungen an die Physiotherapie und welche Ziele möchten Sie erreichen?

Wie ist Ihre Schlafqualität, und werden Sie nachts durch Schmerzen gestört?

Haben Sie in der Vergangenheit andere Therapeuten oder Ärzte für diese Beschwerden aufgesucht?

Gibt es bestimmte Tätigkeiten oder Positionen, die Ihre Beschwerden verbessern?

Wie würden Sie Ihren Stresslevel im Alltag beschreiben, und beeinflusst es Ihre Schmerzen?

Gibt es Momente oder Situationen, in denen Sie besonders darauf achten, Schonhaltungen einzunehmen?

Haben Sie Stress, der möglicherweise die Beschwerden beeinflusst?

Gibt es etwas, das Sie gern wieder tun könnten?

Soll ich Ihnen die Übung noch einmal erklären?

Haben Sie Fragen zu den Übungen?

7 Befunde erheben

7.1 Allgemein

Können Sie mir mehr über Ihre Beschwerden erzählen?

Wann haben die Symptome angefangen?

Haben Sie diese Schmerzen schon einmal gehabt?

Gibt es bestimmte Bewegungen, die die Schmerzen verschlimmern?

Nehmen Sie zurzeit irgendwelche Medikamente?

Haben Sie in der Vergangenheit Verletzungen gehabt?

Sind Sie schon einmal operiert worden?

Wie ist Ihre allgemeine Gesundheit?

Was tun Sie beruflich?

Treiben Sie regelmäßig Sport?

Haben Sie Stress im Alltag?

Haben Sie bereits physiotherapeutische Behandlungen erhalten?

Wie oft haben Sie Schmerzen?

Wie lange dauern die Schmerzen normalerweise an?

Wie lange haben Sie diese Beschwerden bereits?

Können Sie den Schmerz genauer beschreiben? Ist er stechend, drückend oder ziehend?

Hat sich Ihre Beweglichkeit in letzter Zeit verändert oder eingeschränkt?

Gibt es bestimmte Bewegungen oder Positionen, die Ihre Beschwerden verschlimmern?

Treten Ihre Beschwerden eher in Ruhe oder bei Bewegung auf?

Haben Sie Vorerkrankungen oder frühere Verletzungen, die mit den aktuellen Beschwerden zusammenhängen könnten?

Beeinflussen die Beschwerden Ihren Alltag, z.B. bei der Arbeit oder beim Schlafen?

7.2 Mentale Befunde

Der Patient ist orientiert.

Der Patient ist zeitlich und örtlich orientiert.

Die Patientin zeigt eine normale Stimmungslage.

Der Patient wirkt aufmerksam und konzentriert.

Die Patientin kann klare und zusammenhängende Gedanken formulieren.

Der Patient versteht und befolgt komplexe Anweisungen.

Die Patientin zeigt keine Anzeichen von Verwirrung oder Desorientierung.

Der Patient reagiert adäquat auf Fragen und Reize.

Die Patientin hat einen angemessenen Wortschatz und Sprachfluss.

Der Patient weist keine Auffälligkeiten im Gedächtnis auf.

Die Patient erinnert sich an kürzlich geschehene Ereignisse.

Der Patient zeigt keine Anzeichen von Angst oder Unruhe.

Die Patientin nimmt ihre Umgebung realistisch wahr.

Der Patient erkennt und benennt Objekte korrekt.

Die Patientin reagiert emotional angemessen auf verschiedene Situationen.

Der Patient kann seine eigenen Bedürfnisse klar äußern.

Die Patientin zeigt keine Anzeichen von Aggression oder Reizbarkeit.

Der Patient wirkt kooperativ und offen für therapeutische Maßnahmen.

Die Patientin berichtet über keine Halluzinationen oder Wahnvorstellungen.

Der Patient ist fähig, rationale Entscheidungen zu treffen.

Die Patientin weist keine Anzeichen von Gedächtnisverlust oder Verwirrung auf.

Der Patient berichtet über Schlafstörungen, die durch Schmerzen verursacht werden.

Die Patientin berichtet über anhaltende Erschöpfung.

Während der Untersuchung zeigt sich eine erhöhte Muskelspannung.

Der Patient zeigt kaum Eigeninitiative.

Die Patientin wirkt in Bezug auf die Therapie wenig motiviert.

Der Patient wirkt angespannt und zeigt Anzeichen von innerer Unruhe.

Es zeigt sich eine negative Grundhaltung gegenüber der eigenen Heilungsfähigkeit.

Die Patientin ist bei den Übungen kooperativ.

8 Schwierige grammatische Phänomene

8.1 Reflexive Verben

drehen: „Bitte drehen Sie Ihren Arm nach außen!"
(nicht reflexiv: Der Arm wird aktiv gedreht.)

sich drehen: „Drehen Sie sich vorsichtig auf die Seite!"
(reflexiv: Die Person verändert ihre eigene Körperposition.)

setzen: „Setzen Sie den Fuß langsam auf den Boden!"
(nicht reflexiv: Der Fuß wird aktiv aufgesetzt.)

sich setzen: „Setzen Sie sich langsam auf die Bettkante!"
(reflexiv: Die Person nimmt selbst eine Sitzposition ein.)

legen: „Legen Sie den Arm neben Ihren Körper!"
(nicht reflexiv: Der Arm wird aktiv in Position gebracht.)

sich legen: „Legen Sie sich bitte auf den Rücken!"
(reflexiv: Die Person bringt sich selbst in die Rückenlage.)

8.2 Trennbare Verben

ablehnen
Der Patient lehnt die Therapie ab.

abrollen
Rollen Sie den Fuß beim Gehen langsam ab!

abschließen
Schließen Sie diese Übung mit einer Dehnung ab!

abstützen
Stützen Sie sich beim Aufstehen mit den Armen ab!

abtasten
Ich taste die Muskulatur kurz ab.

abwarten
Warten Sie ab, bis der Schmerz nachlässt!

anheben
Heben Sie das Bein gestreckt an!

anschauen
Schauen Sie sich im Spiegel an und kontrollieren Sie Ihre Haltung!

anspannen
Spannen Sie die Bauchmuskeln fest an und halten Sie die Spannung!

anwinkeln
Winkeln Sie das Knie leicht an!

aufrichten
Richten Sie den Oberkörper auf und atmen Sie dabei tief ein!

aufstehen
Bitte stehen Sie langsam auf und achten Sie auf Ihre Haltung!

ausatmen
Atmen Sie tief aus und entspannen Sie die Schultern!

ausstrecken
Strecken Sie das Bein vollständig aus!

durchatmen
Atmen Sie tief durch und entspannen Sie dabei!

einatmen
Atmen Sie tief ein, während Sie die Arme heben!

einnehmen
Nehmen Sie eine bequeme Position auf der Matte ein!

einschätzen
Wie schätzen Sie Ihre Schmerzintensität ein?

einwirken
Der Therapeut wirkt mit gezielten Techniken auf die verspannten Muskeln ein.

entspannen
Jetzt können Sie die Muskeln wieder entspannen.

festhalten
Halten Sie sich an mir fest!

feststellen
Wir stellen fest, ob die Bewegung eingeschränkt ist.

herunterdrücken
Drücken Sie den Ball mit den Füßen herunter!

hinfallen
Gestern fiel der Patient schon wieder hin.

hingehen
Der Physiotherapeut hat gesagt: „Gehen Sie jeden Montag zu den Massagen hin!"

hinlegen
Legen Sie sich bitte auf die Matte hin!

hinstellen
Stellen Sie sich schulterbreit hin!

hochdrücken
Drücken Sie sich mit den Armen nach oben!

hochlegen
Legen Sie das Bein hoch, um die Durchblutung zu fördern!

hochziehen
Ziehen Sie das Bein zur Brust hoch!

loslassen
Lassen Sie jetzt die Spannung los!

nachahmen
Ahmen Sie nun die Bewegung nach!

nachgeben
Geben Sie mit dem Knie sanft nach!

nachlassen
Der Schmerz lässt in 5 min nach.

mitbringen
Ich bringe Ihnen Wasser mit.

umdrehen
Drehen Sie sich bitte auf die andere Seite um, damit ich den Rücken massieren kann!

vormachen
Ich mache Ihnen die Übung vor, damit Sie sie besser nachvollziehen können.

vorbeugen
Beugen Sie mit diesen Übungen weiteren Rückenschmerzen vor!

vorstrecken
Strecken Sie den Arm nach vorne vor, um die Schulter zu mobilisieren!

vormachen
Ich mache Ihnen die Übung zunächst einmal vor.

zurücklehnen
Lehnen Sie sich langsam nach hinten zurück!

zusammendrücken
Drücken Sie den Ball zwischen Ihren Händen zusammen!

8.3 Ausgewählte Verben

holen - bringen – mitbringen

Was ist der Unterschied?

holen

Das Wort „holen" wird benutzt, wenn das Objekt an einem anderen Ort ist und ich 2 Wege habe (hin und zurück).

Beispiel:

Mein Kollege befindet sich im Behandlungszimmer, ich stehe neben ihm. Er fragt: „Kannst du das Massageöl aus dem Nebenraum holen?"
Ich gehe in den Nebenraum und komme mit dem Massageöl wieder zurück in den Behandlungsraum.

bringen

Das Wort „bringen" wird benutzt, wenn ich etwas von mir an einen anderen Ort bringe.

Beispiel:

Mein Kollege massiert, ich bin im Nebenraum und räume auf. Er fragt: „Kannst du mir das Massageöl bringen?"
Ich bringe das Massageöl in sein Raum und gehe wieder in meinen Raum zurück und räume weiter auf.

mitbringen

Das Wort „mitbringen" wird benutzt, wenn ich sowieso an einen anderen Ort gehe und von dort oder dorthin etwas mitnehme.

Beispiel:
Mein Kollege massiert einen Patienten. Ich stehe neben ihm und möchte in den Nebenraum zum Aufräumen und danach wieder zu ihm zurück. Er fragt: „Kannst du das Massageöl mitbringen?"
Ich gehe in den Nebenraum und komme zu ihm zurück mit dem Öl.

Das Verb *lassen*

Das Verb *lassen* kann als Vollverb und ähnlich wie ein Modalverb mit einem zweiten Verb im Infinitiv verwendet werden. Die Bedeutung von *lassen* ändert sich entsprechend. *Sich lassen* dient in der 3. Person auch als Passiversatzform.

Beispiele: *lassen*

1. Vollverb:

   = „nicht mehr tun"

Ich *lasse* Sie jetzt in Ruhe. (= Sie können sich ausruhen. Ich gehe weg.)
Ich *lasse* den Rollator hier bei Ihnen im Zimmer.
Ich *lasse* meinen Rollator nie zu Hause.
Ich *lasse* die Dokumente auf dem Tisch.

2. modalverbähnlich:

   a)   = „veranlassen": Ich *lasse* meinen Rollator *reparieren*.

   Der Patient *lässt* seinen Kliniksaufenthalt *verlängern*.
   Herr Saubermann, bringen Sie den Kittel in die Reinigung und *lassen* Sie ihn reinigen!
   Ich *lasse* ein Zweitgutachten erstellen.

   b)   = „erlauben":

   Der Arzt *lässt* den Patienten ohne Gehhilfe *gehen*.
   Der Physiotherapeut *lässt* seinen Patienten jetzt etwas Wasser trinken.
   Der Chef *lässt* den Physiotherapeuten den Vorschlag an die Tafel *schreiben*.
   Was *lässt* deine Vorgesetzte dich *machen*?
   Lass ihn doch Wasser *trinken*!

3. Passiversatzform sich lassen (3. Person) = können (+ Passiv):

Das Fenster *lässt sich* nur schwer *öffnen*. (= Das Fenster kann nur schwer geöffnet werden.)

Beachte: In der Bedeutung „veranlassen" kann *lassen* auch reflexiv verwendet werden.

Beispiel:
nicht reflexiv: Die Eltern lassen *das Kind* operieren.
reflexiv: Mein Nachbar lässt *sich* operieren.

Diese reflexive Verwendung muss man von der Passiversatzform unterscheiden.

Beispiele:
modalverbähnlich reflexiv: Mein Nachbar *lässt sich operieren.*
(Bedeutung: Mein Nachbar *veranlasst,* dass er operiert wird.)

Passiversatz: Die Krankheit *lässt sich behandeln.*
(Bedeutung: Die Krankheit *kann* behandelt werden./Es ist *möglich,* die Krankheit zu behandeln.)

Die reflexive Verwendung unterscheidet *lassen* von echten Modalverben, die nicht reflexiv verwendet werden können.

Die Perfektbildung von *lassen*

Das Perfekt des Vollverbs *lassen* wird mit dem Hilfsverb *haben* und dem Partizip II gebildet. Bei allen anderen Verwendungen verwendet man den Infinitiv des ersten Verbs und den Infinitiv von *lassen.* („II" = „doppelter Infinitiv")

Perfekt von lassen = haben + Infinitiv (Verb 1) + Infinitiv (lassen)/ Partizip II (lassen)

Beispiele: Präsens – Perfekt von *lassen*

1. Vollverb:

Ich lasse das Naschen. – Ich habe das Naschen *gelassen*.
Wo hast du den Arztbrief gelassen?

2. modalverbähnlich:

a) Ich lasse meinen Rollator reparieren. Ich habe meinen
   Rollator *reparieren lassen*.
b) Der Arzt lässt den Patienten ohne Gehhilfe gehen. –
   Der Arzt hat den Patienten ohne Gehhilfe *gehen lassen*.

3. Passiversatzform:

Das Fenster lässt sich nur schwer öffnen. – Das Fenster hat sich nur
schwer *öffnen lassen*.

Herr und Frau Becker *haben* sich gestern *scheiden lassen*.

8.4 Präfixe

8.4.1 Präfix *ver-*

• mit der Bedeutung, dass etwas zu Ende geht:

Beispiele:

verblassen
Die Narben nach der Operation sollten im Laufe der Zeit verblassen, wenn die Haut gut verheilt.

verbluten
Falls bei einer Verletzung die Blutung nicht gestoppt werden kann, ist eine sofortige medizinische Versorgung erforderlich, ansonsten verblutet der Patient.

verbrauchen
Die Übungen im Rehabilitationsprogramm verbrauchen viel Energie, fördern aber die Heilung.

verbrennen
Nach intensiver Physiotherapie kann es sich anfühlen, als ob die Energie in den Muskeln verbrennen würde, doch das ist Teil des Heilungsprozesses.

verdauen
Es ist wichtig, dass Sie nach der Therapie genug Zeit haben, um die körperliche Belastung zu verdauen und sich zu erholen.

vergehen
Die Schmerzen werden mit der Zeit vergehen, wenn Sie die Therapie konsequent durchführen.

verschwinden
Mit der fortschreitenden Therapie werden Ihre Beschwerden allmählich verschwinden.

vertun

Sie sollten keine Zeit vertun und die Übungen regelmäßig durchführen, um den Heilungsprozess zu unterstützen.

- mit der Bedeutung von Fehlhandlungen (Handlungen, die unabsichtlich, aus Versehen oder wider Willen geschehen):

verfahren
Können Sie uns bitte sagen, wie wir zur Praxis kommen. Wir haben uns nämlich verfahren.

vergessen
Ich konnte mich nicht mehr an den Namen des Patienten erinnern; leider hatte ich ihn vergessen.

verhören
Sagte der Physiotherapeut 10 Minuten oder habe ich mich verhört?

verpassen
Wir kamen zu spät zum Termin, denn wir hatten den Bus verpasst.

verrechnen
Die Mitarbeiter in der Buchhaltung sollten sich nicht verrechnen.

verschätzen
Auf den ersten Blick sah die Patientin wie sechzig aus, aber da hatte ich mich absolut verschätzt.

verschlafen
Leider hatte sich der Patient verspätet, weil er verschlafen hatte.

verschreiben
Der Arztbrief sah schrecklich aus, denn der Arzt hatte sich ständig verschrieben.

versprechen
Die neue Physiotherapeutin war sehr unkonzentriert und hatte sich dauernd versprochen.

verwechseln
Entschuldigen Sie, dass ich Sie angesprochen habe. Ich habe Sie mit Dr. Buschmann verwechselt.

8.4.2 Präfix um-

= umfassende Bewegung und Veränderung:

um- als feste Vorsilbe bedeutet eine Bewegung „um etwas herum" (um'geben, um'runden). In seiner trennbaren Form bedeutet *um-* eine Veränderung des Objektes in seiner Lage, Form, Zusammensetzung usw. ('umarbeiten, 'umformen).

umarmen
Während der Therapie können Sie die Übung so modifizieren, dass Sie sich quasi selbst umarmen, um die Muskulatur zu entspannen.

umbilden
Durch gezielte Übungen kann die Muskulatur nach der Verletzung umgebildet werden, um ihre Funktion zu verbessern.

umdrehen
Während der Übung müssen Sie sich mehrmals umdrehen, um die Flexibilität der Hüfte zu verbessern.

umgeben
Bei der Behandlung wird das betroffene Gelenk von speziellen Bändern umgeben, um die Stabilität zu unterstützen.

umrechnen
Es ist gar nicht so schwer, Stunden in Minuten umzurechnen.

umschreiben
Falls die Übungen zu belastend sind, kann der Therapeut das Programm umschreiben, um es besser an die Bedürfnisse des Patienten anzupassen.

umstoßen
Beim Aufstehen hat der Patient ein Glas Wasser umgestoßen.

8.4.3 Präfix unter-

= Behinderung und Unterordnung

Als feste Vorsilbe bedeutet *unter-* eine Behinderung (unter'drücken, unter'lassen). Die trennbaren Formen bedeuten meist die Bewegung, die tiefer gerichtet ist ('untertauchen, sich 'unterstellen).

unterbrechen
Falls der Patient während der Übung Schmerzen verspürt, sollte er die Bewegung sofort unterbrechen.

unterdrücken
Die Patientin sollte nicht versuchen, den Schmerz zu unterdrücken, sondern ihn dem Therapeuten melden, damit er die Übungen anpassen kann.

unterlassen
Der Patient sollte es unterlassen, eigenständig Übungen durchzuführen, die nicht vom Therapeuten empfohlen wurden.

sich unterordnen
Im Rehabilitationsprozess muss man sich dem vorgegebenen Therapieplan unterordnen, um die besten Ergebnisse zu erzielen.

unterschätzen
Man sollte nicht die Bedeutung kleiner Fortschritte unterschätzen, denn sie tragen wesentlich zur Genesung bei.

unterscheiden
Es ist wichtig, zwischen Muskelkater und ernsthaften Schmerzen zu unterscheiden, um Überlastungen zu vermeiden.

unterschreiben
Bevor die Therapie beginnt, muss ein Formular zur Einwilligung unterschrieben werden.

unterstreichen
Der Therapeut wird die Wichtigkeit einer regelmäßigen Durchführung der Übungen immer wieder unterstreichen.

unterschieben
Manchmal kann ein weiches Kissen unter das betroffene Gelenk unterschoben werden, um die Position während der Übungen zu stabilisieren.

8.4.4 Präfix be-

= ein zielgerichteter Prozess oder stärkere Handlung wird ausgedrückt

befestigen
Der Therapeut wird die Bandage fest um den Knöchel befestigen, um Stabilität zu gewährleisten.

behandeln
Der Physiotherapeut wird Ihr Knie intensiv behandeln, um die Schwellung zu reduzieren.

belasten
Der Patient darf das Gelenk noch nicht voll belasten, um eine Überanstrengung zu vermeiden.

beobachten
Beobachten Sie genau, wie Ihr Körper auf die Übungen reagiert!

beraten
Der Therapeut wird über die besten Übungen für die Genesung beraten.

beschleunigen
Regelmäßige Dehnübungen können den Heilungsprozess deutlich beschleunigen.

besprechen
Wir werden die Fortschritte bei Ihrem nächsten Termin gemeinsam besprechen.

bestärken

Ihr Fortschritt in der Therapie wird Sie bestärken, weiter am Ball zu bleiben.

betonen
Der Therapeut wird betonen, wie wichtig eine korrekte Haltung während der Übungen ist.

bewegen
Der Patient versucht, das Bein langsam zu bewegen, um die Mobilität zu verbessern.

8.4.5 Präfix zer-

= Auseinanderbewegung:

Die Vorsilbe *zer-* bedeutet eine Veränderung eines Ganzen in Teile, eine Bewegung auseinander.

zerbrechen
Übermäßige Belastung kann die Muskelfasern regelrecht zerbrechen.

zerdrücken
Achten Sie darauf, das Weichgewebe nicht zu stark zu zerdrücken, wenn Sie die Faszienrolle benutzen.

zerlegen
Der Therapeut wird die Bewegungsabläufe in einzelne Schritte zerlegen, um die Übung zu vereinfachen.

zermürben
Chronische Schmerzen können den Patienten emotional zermürben; daher ist eine psychologische Unterstützung oft hilfreich.

zerquetschen
Beim falschen Heben schwerer Gewichte kann man die Bandscheiben zwischen den Wirbeln zerquetschen.

zerreißen

44

Eine plötzliche, ruckartige Bewegung könnte die Bänder im Knie zerreißen.

zersetzen
Mit der Zeit können bestimmte Übungen helfen, Narbengewebe zu zersetzen.

zersplittern
Ein schwerer Sturz kann den Knochen zersplittern, was eine lange Rehabilitationsphase erfordert.

8.4.6 Präfix er-

= Ergebnis und Wirkung:

Die Vorsilbe *er-* bedeutet eine Wirkung oder ein Ergebnis.

erarbeiten
Der Therapeut wird mit Ihnen gemeinsam ein Übungsprogramm erarbeiten.

erfahren
Während der Therapie werden Sie erfahren, wie Sie Ihre Beweglichkeit verbessern können.

erfassen
Der Physiotherapeut wird Ihre Fortschritte genau erfassen und dokumentieren.

erforschen
Manchmal muss der Therapeut den Ursprung der Beschwerden genauer erforschen.

erhalten
Durch regelmäßige Übungen kann die Mobilität langfristig erhalten werden.

erhöhen
Die Intensität der Übungen wird schrittweise erhöht, um die Ausdauer zu steigern.

erkennen
Es ist wichtig, frühzeitig zu erkennen, wenn sich Symptome verschlimmern.

erleichtern
Das Dehnen kann den Schmerz im Rücken deutlich erleichtern.

ermöglichen
Die Therapie soll dem Patienten ermöglichen, wieder schmerzfrei zu gehen.

erreichen
Mit Geduld wird die Patientin die Rehabilitationsziele erreichen.

8.4.7 Präfix durch-

= Teilung, Durchdringung, Vollendung:

Die Vorsilbe *durch-* kann sowohl trennbar als auch untrennbar sein. In der untrennbaren Form bedeutet die Vorsilbe eine Bewegung durch einen Gegenstand oder eine Person hindurch, ohne ein „Loch" in dem betreffenden Gegenstand zurückzulassen, d.h. meist im übertragenen Sinn (durchlaufen).

Ist die Vorsilbe trennbar, so bedeutet es:
- die Teilung eines Gegenstandes in zwei Teile (durchschneiden, durchtrennen)
- eine zielgerichtete Bewegung „in etwas hinein und wieder hinaus" (durchscheinen, durchlaufen)
- die Dauer und den Abschluss einer Tätigkeit (durchmachen, durchtanzen).

durcharbeiten

Wir werden den gesamten Rehabilitationsplan gemeinsam durcharbeiten.

durchatmen
Vergessen Sie nicht, bei jeder Übung ruhig und tief durchzuatmen!

durchbluten
Das warme Bad hilft, die Muskeln besser zu durchbluten.

durchdrücken
Drücken Sie das Bein langsam durch, um die volle Streckung zu erreichen!

durchführen
Führen Sie die Übungen so durch, wie der Therapeut sie Ihnen gezeigt hat!

durchhalten
Es ist wichtig, die Therapie konsequent durchzuhalten, auch wenn es anstrengend ist.

durchkneten
Der Therapeut wird die verspannten Muskeln sanft durchkneten, um die Durchblutung zu fördern.

durchlaufen
Der Patient wird die verschiedenen Phasen der Rehabilitation nacheinander durchlaufen.

durchschlafen
Nach der ersten Tablettengabe hat die Patientin die ganze Nacht durchgeschlafen.

8.4.8 Präfix miss-

Die Vorsilbe *miss-* gibt den Verben eine negative Bedeutung.

missachten
Missachten Sie nicht die Empfehlungen des Therapeuten, um Rückschläge zu vermeiden!

missbehagen
Ein Missbehagen beim Training kann auf eine falsche Übungstechnik hindeuten. (Beachte: *Hier wurde das Verb nominalisiert.*)

missbrauchen
Das Missbrauchen von Hilfsmitteln kann zu weiteren Verletzungen führen.

missdeuten
Missdeuten der Schmerzsymptome kann dazu führen, dass die Therapie nicht optimal angepasst wird.

missfallen
Die neue Übung könnte Ihnen anfangs missfallen, da sie ungewohnt anstrengend ist.

misshandeln
Es ist wichtig, die betroffenen Muskeln durch zu starke Belastung nicht zu misshandeln.

missinterpretieren
Die Übungsanweisungen dürfen die Patienten nicht missinterpretieren.

misslingen
Das erste Mal kann die Übung misslingen, aber mit etwas Übung wird man besser darin werden.

missraten
Wenn die Technik bei der Übung missrät, kann es zu Muskelverspannungen kommen.

missverstehen
Wenn Sie die Instruktionen des Therapeuten missverstehen, kann das zu falscher Ausführung der Übungen führen.

8.5 Modalverben – objektiver und subjektiver Gebrauch

objektiver Gebrauch	subjektiver Gebrauch
wollen	
<u>Wille/Absicht</u> (vorhaben, beabsichtigen, die Absicht haben, planen, den Plan haben)	<u>Behauptung</u> (über sich selbst) (jemand behauptet/sagt, dass er (selbst)...)
Er will demnächst zum Therapeuten gehen. *Er wollte früher üben.*	*Er will zum Physiotherapeuten gegangen sein.*
sollen	
<u>Auftrag/Pflicht/Bestimmung</u> (den Auftrag/die Aufgabe/die Pflicht/das Ziel haben, bestimmt sein)	<u>Behauptung</u> (über andere Personen) (es heißt/man sagt, man spricht davon, wie man hört)
Sie soll heute ins Therapiezentrum kommen. *Sie sollte gestern ins Therapiezentrum kommen.*	*Sie soll gerade im Büro sein.* *Sie soll noch vor 5 Minuten im Büro gewesen sein.*
<u>Rat/Empfehlung</u> (Konjunktiv II) (es wäre schön/gut/besser, wenn...; ich rate/empfehle)	
Du solltest diesen Kurs besuchen. *Du hättest diesen Kurs besuchen sollen.*	

müssen

Notwendigkeit (es ist notwendig/erforderlich, gezwungen sein)	Gewissheit/feste Überzeugung (sicher, bestimmt, überzeugt sein)
Er muss achtsam leben. *Er musste früher achtsam leben.*	*Er muss sehr beweglich sein.* *Er muss früher sehr beweglich* *gewesen sein.*
Aufgabe/Pflicht (die Aufgabe/Pflicht haben)	Vermutung (Konjunktiv II) (höchstwahrscheinlich)
Wir müssen den Brief *beantworten.* *Wir mussten den Brief* *beantworten.*	*Wir müssten bald eine Antwort* *bekommen.* *Wir müssten in zwei Wochen* *eine Antwort bekommen* *haben.*

können

Fähigkeit (in der Lage sein/imstande sein)	Vermutung (meistens Konjunktiv II) (vielleicht, möglicherweise)
Ich kann gut tanzen. *Ich konnte früher gut tanzen.*	*Du könntest recht haben.* *Du könntest recht gehabt* *haben.*
Möglichkeit (es ist möglich/es besteht die Möglichkeit)	
Man kann dort gut üben. *Man konnte dort gut üben.*	
Erlaubnis (es ist erlaubt, die Erlaubnis haben)	

Sie können den Raum betreten. *Der Partner konnte den Raum betreten.*	

dürfen

Erlaubnis/Berechtigung (es ist erlaubt, die Erlaubnis/das Recht, berechtigt sein) *Ich darf die Broschüre mitnehmen.* *Ich durfte die Broschüre mitnehmen.*	Vermutung (Konjunktiv II) (wahrscheinlich, vermutlich, es ist anzunehmen, es ist damit zu rechnen) *Der Kurs dürfte nicht viel kosten.* *Der Kurs dürfte nicht viel gekostet haben.*

mögen

Zu- bzw. Abneigung (gern haben/essen/... leiden können) *Sie mag keine Süßigkeiten.* *Sie mochte früher keine Süßigkeiten.* Wunsch/Lust (wünschen, den Wunsch/Lust haben) *Er möchte mit der Therapeutin sprechen.* *Er wollte gestern mit der Therapeutin sprechen.*	Vermutung (nur Indikativ) (vielleicht) *Das mag für sie gut sein.* *Das mag für sie gut gewesen sein.*

Modalverben zum subjektiven Gebrauch

Sicherheit	ca. 98%	ca. 90%	ca. 75%	ca. 60%	ca. 50%
Modal-angaben	- bestimmt - sicher - auf jeden/ keinen Fall - ganz sicher nicht	- fast sicher - höchstwahr- scheinlich - die Wahr- scheinlichkeit ist groß	- wahrschein- lich - gut möglich, dass…	- vermutlich - möglicher- weise - Es besteht die Möglich keit, dass…	- eventuell - vielleicht
Modal-verben	muss kann nicht	müsste	dürfte	könnte	kann
Futur I			werden + Infinitiv (+ wohl)		

Ein Beispielsatz:

98% Sicherheit:
Sie stehen <u>bestimmt</u> morgen ohne Hilfe auf.
Sie stehen <u>sicher</u> morgen ohne Hilfe auf.
Sie stehen <u>auf jeden Fall</u> morgen ohne Hilfe auf.

Negation:
Sie stehen <u>auf keinen Fall</u> morgen ohne Hilfe auf.
Sie stehen <u>ganz sicher nicht</u> morgen ohne Hilfe auf.

Sie <u>können</u> morgen ohne Hilfe aufstehen.
Sie <u>müssen</u> morgen ohne Hilfe aufstehen.

ca. 90% Sicherheit:
Sie stehen <u>fast sicher</u> morgen ohne Hilfe auf.
Sie stehen <u>höchstwahrscheinlich</u> morgen ohne Hilfe auf.
<u>Die Wahrscheinlichkeit ist groß, dass</u> Sie morgen ohne Hilfe aufstehen.

Sie <u>müssten</u> morgen ohne Hilfe aufstehen.

ca. 75% Sicherheit:
Sie stehen <u>wahrscheinlich</u> morgen ohne Hilfe auf.
<u>Es ist gut möglich, dass</u> Sie morgen ohne Hilfe aufstehen.

Sie <u>dürften</u> morgen ohne Hilfe aufstehen.

Sie werden wohl morgen ohne Hilfe aufstehen.

ca. 60% Sicherheit:
Sie stehen vermutlich morgen ohne Hilfe auf.
Sie stehen möglicherweise morgen ohne Hilfe auf.
Es besteht die Möglichkeit, dass Sie morgen ohne Hilfe aufstehen.

Sie könnten morgen ohne Hilfe aufstehen.

ca. 50% Sicherheit:
Sie stehen eventuell morgen ohne Hilfe auf.
Sie stehen vielleicht morgen ohne Hilfe auf.

Sie können morgen ohne Hilfe aufstehen.

8.6 Deklination „der Patient"/„die Patientin"

der Patient:

Fall/Kasus	Singular	Plural
Nominativ	der Patient	die Patienten
Akkusativ	den Patienten	die Patienten
Dativ	dem Patienten	den Patienten
Genitiv	des Patienten	der Patienten

In der maskulinen Form folgt „der Patient" den Regeln der n-Deklination.

die Patientin:

Fall/Kasus	Singular	Plural
Nominativ	die Patientin	die Patientinnen
Akkusativ	die Patientin	die Patientinnen
Dativ	der Patientin	den Patientinnen
Genitiv	der Patientin	der Patientinnen

Anhang:

I. Geräte

das Balancepad, die Balancepads

die Beinpresse, die Beinpressen

der Bettgalgen, die Bettgalgen

der Crosstrainer, die Crosstrainer

das Ergometer, die Ergometer

die Faszienrolle, die Faszienrollen

der Gymnastikball, die Gymnastikbälle

die Hantel, die Hanteln

das Hörgerät, die Hörgeräte

das Laufband, die Laufbänder

der Massageball, die Massagebälle

die Massageliege, die Massageliegen

der Medizinball, die Medizinbälle

der Pezziball, die Pezzibälle

das Physioband, die Physiobänder

das Posturomed

die Prothese, die Prothesen

das Reizstromgerät, die Reizstromgeräte

der Rollator, die Rollatoren

die Rotationsscheibe, die Rotationsscheiben

das Rudergerät, die Rudergeräte

das Sauerstoffgerät, die Sauerstoffgeräte

die Schaumstoffrolle, die Schaumstoffrollen

die Schwimmnudel, die Schwimmnudeln

die Schiene, die Schienen

die Sprossenwand, die Sprossenwände

das Theraband, die Therabänder

die Therapieknete

das Trampolin, die Trampoline

das Ultraschallgerät, die Ultraschallgeräte

die Vibrationsplatte, die Vibrationsplatten

das Wackelbrett, die Wackelbretter

die Yogamatte, die Yogamatten

II. Lexik Verben

Folgende Verben decken eine Vielzahl von Aktionen und Tätigkeiten ab, die in der Physiotherapie relevant sind, einschließlich der Durchführung von Übungen, der Betreuung und Unterstützung von Patient:innen und der administrativen Aufgaben, die zu einer erfolgreichen Therapie beitragen:

Infinitiv	3. Pers. Sg. Präsens	3. Pers. Sg Präteritum	3. Pers. Sg. Perfekt
abkühlen	kühlt ab	kühlte ab	hat abgekühlt
aktivieren	aktiviert	aktivierte	hat aktiviert
analysieren	analysiert	analysierte	hat analysiert
anleiten	leitet an	leitete an	hat angeleitet
anpassen	passt an	passte an	hat angepasst
atmen	atmet	atmete	hat geatmet
aufwärmen	wärmt auf	wärmte auf	hat aufgewärmt
ausgleichen	gleicht aus	glich aus	hat ausgeglichen
balancieren	balanciert	balancierte	ist balanciert
behandeln	behandelt	behandelte	hat behandelt
beraten	berät	beriet	hat beraten
berühren	berührt	berührte	hat berührt
besprechen	bespricht	besprach	hat besprochen
dehnen	dehnt	dehnte	hat gedehnt
diagnostizieren	diagnostiziert	diagnostizierte	hat diagnostiziert
differenzieren	differenziert	differenzierte	hat differenziert
dokumentieren	dokumentiert	dokumentierte	hat dokumentiert
dosieren	dosiert	dosierte	hat dosiert
empfehlen	empfiehlt	empfahl	hat empfohlen
entspannen	entspannt	entspannte	hat entspannt
erklären	erklärt	erklärte	hat erklärt
fixieren	fixiert	fixierte	hat fixiert
fokussieren	fokussiert	fokussierte	hat fokussiert
fortschreiten	schreitet fort	schritt fort	ist fortgeschritten
funktionieren	funktioniert	funktionierte	hat funktioniert
gehen	geht	ging	ist gegangen

initiieren	initiiert	initiierte	hat initiiert
integrieren	integriert	integrierte	hat integriert
justieren	justiert	justierte	hat justiert
kompensieren	kompensiert	kompensierte	hat kompensiert
kontrahieren	kontrahiert	kontrahierte	hat kontrahiert
kontrollieren	kontrolliert	kontrollierte	hat kontrolliert
koordinieren	koordiniert	koordinierte	hat koordiniert
korrigieren	korrigiert	korrigierte	hat korrigiert
kräftigen	kräftigt	kräftigte	hat gekräftigt
laufen	läuft	lief	ist gelaufen
lindern	lindert	linderte	hat gelindert
massieren	massiert	massierte	hat massiert
messen	misst	maß	hat gemessen
mobilisieren	mobilisiert	mobilisierte	hat mobilisiert
modifizieren	modifiziert	modifizierte	hat modifiziert
motivieren	motiviert	motivierte	hat motiviert
normalisieren	normalisiert	normalisierte	hat normalisiert
orientieren	orientiert	orientierte	hat orientiert
positionieren	positioniert	positionierte	hat positioniert
prognostizieren	prognostiziert	prognostizierte	hat prognostiziert
provozieren	provoziert	provozierte	hat provoziert
reagieren	reagiert	reagierte	hat reagiert
reaktivieren	reaktiviert	reaktivierte	hat reaktiviert
reflektieren	reflektiert	reflektierte	hat reflektiert
regenerieren	regeneriert	regenerierte	hat regeneriert
rehabilitieren	rehabilitiert	rehabilitierte	hat rehabilitiert
relaxieren	relaxiert	relaxierte	hat relaxiert
repositionieren	repositioniert	repositionierte	hat repositioniert
simulieren	simuliert	simulierte	hat simuliert
stabilisieren	stabilisiert	stabilisierte	hat stabilisiert
stärken	stärkt	stärkte	hat gestärkt
synchronisieren	synchronisiert	synchronisierte	hat synchronisiert
testen	testet	testete	hat getestet
tolerieren	toleriert	tolerierte	hat toleriert
trainieren	trainiert	trainierte	hat trainiert
üben	übt	übte	hat geübt
unterstützen	unterstützt	unterstützte	hat unterstützt
untersuchen	untersucht	untersuchte	hat untersucht
vermeiden	vermeidet	vermied	hat vermieden
verstehen	versteht	verstand	hat verstanden
zuhören	hört zu	hörte zu	hat zugehört
zurückbilden	bildet zurück	bildete zurück	hat zurückgebildet

III. Lexik Nomen

Allgemeine Begriffe:

die Behandlung, die Behandlungen

der Behandlungsplan, die Behandlungspläne

die Beratung, die Beratungen

die Diagnose, die Diagnosen

der Fortschritt, die Fortschritte

die Genesung, en (Plural selten)

der Gesundheitszustand, die Gesundheitszustände

der Patient, die Patienten

die Patientin, die Patientinnen

die Physiotherapie

die Rehabilitation, die Rehabilitationen

der Therapeut, die Therapeuten

die Therapeutin, die Therapeutinnen

die Therapie, die Therapien

die Untersuchung, die Untersuchungen

die Verbesserung, die Verbesserungen

das Wohlbefinden (nur Singular)

Zustände und Symptome:

die Entzündung, die Entzündungen

die Erschöpfung, die Erschöpfungen

der Krampf, die Krämpfe

die Lähmung, die Lähmungen

der Muskelkater, die Muskelkater

die Prellung, die Prellungen

der Schmerz, die Schmerzen

die Schwellung, die Schwellungen

die Steifheit, die Steifheiten

die Überlastung, die Überlastungen

die Verletzung, die Verletzungen

die Verstauchung, die Verstauchungen

die Zerrung, die Zerrungen

Folgende Nomen umfassen verschiedene Aspekte der Physiotherapie, von anatomischen Strukturen über Behandlungs-
methoden bis hin zu Therapiezielen und –prozessen:

die Atemtherapie, die Atemtherapien

die Bauchatmung, die Bauchatmungen

der Befund, die Befunde

die Beugung, die Beugungen

die Brustatmung, die Brustatmungen

das Defizit, die Defizite

die Extremität, die Extremitäten

die Feinmotorik

das Gangbild, die Gangbilder

das Gehtraining, die Gehtrainings

die Gerinnungsstörung, die Gerinnungsstörungen

das Gleichgewicht

die Gleichgewichtsstörung, die Gleichgewichtsstörungen

die Grobmotorik

das Kinesiologie-Tape, die Kinesiologie-Tapes

die Knochendichte, die Knochendichten

die Kompensation, die Kompensationen

die Koordination, die Koordinationen

die Kräftigung, die Kräftigungen

die Lagerung, die Lagerungen

der Linksdrall

die Lippenbremse, die Lippenbremsen

die Parese, die Paresen

der Rechtsdrall

der Rumpf, die Rümpfe

der Schwindelanfall, die Schwindelanfälle

die Somnolenz, die Somnolenzen

die Stenoseatmung, die Stenoseatmungen

die Streckung, die Streckungen

der Tremor

die Übelkeit

die Wahrnehmung, die Wahrnehmungen

IV. Lexik Adjektive

In der Physiotherapie spielen zahlreiche Adjektive eine Rolle, um die verschiedenen Aspekte der Behandlung, der Zustände der Patientinnen/der Patienten und der therapeutischen Techniken zu beschreiben. Folgende Adjektive sind in diesem Kontext relevant:

adäquat
Für eine adäquate Therapieplanung ist eine gründliche Anamnese notwendig

aktiv
Eine aktive Mobilisation fördert die Heilung nach einer Operation.

akut
Akute Schmerzen sollten sofort dem Therapeuten gemeldet werden.

altersgerecht
Eine altersgerechte Trainingsintensität ist entscheidend für den Erfolg der Therapie.

angespannt
Angespannte Muskeln können durch gezielte Massagen gelockert werden.

anstrengend
Nach der anstrengenden Therapie braucht die Patientin eine Pause.

asymmetrisch
Asymmetrische Bewegungen werden in der Therapie gezielt korrigiert.

beeinträchtigt
Beeinträchtigte Funktionen können durch gezielte Übungen verbessert werden.

belastbar
Nach der Rehabilitation ist der Patient wieder voll belastbar.

bettlägerig

Bettlägerige Patienten benötigen spezielle Mobilisationsübungen.

beweglich
Bewegliche Muskeln und Gelenke sind wichtig für ein schmerzfreies Leben.

blind
Blinde Patienten benötigen eine besondere Anleitung bei den Übungen.

chronisch
Chronische Erkrankungen können durch regelmäßige Physiotherapie gelindert werden.

durchblutungsfördernd
Durchblutungsfördernde Massagen helfen bei der Regeneration.

empfindlich
Der Patient reagiert empfindlich auf Druck im Schulterbereich.

entspannt
Der Patient fühlt sich nach der Massage entspannt und schmerzfrei.

erholt
Erholte Patienten zeigen bessere Fortschritte in der Therapie.

erschöpft
Nach intensiven Übungen fühlt sich der Patient oft erschöpft.

flexibel
Flexibel einsetzbare Hilfsmittel unterstützen die Therapie.

fortschreitend
Bei fortschreitenden Erkrankungen ist eine regelmäßige Anpassung der Therapie notwendig.

funktionell
Eine funktionelle Analyse ist wichtig für die Therapieplanung.

gelenkschonend
Gelenkschonende Übungen sind besonders wichtig bei Arthritis.

geschwollen
Das Knie des Patienten ist nach der Operation noch geschwollen.

gesund
Regelmäßige Bewegung hält die Gelenke gesund.

individuell
Jede Therapie wird individuell auf den Patienten abgestimmt.

intensiv
Der Physiotherapeut führt eine intensive Massage zur Lösung der Muskelverspannung.

knochenfestigend
Durch knochenfestigende Übungen wie Krafttraining kann die Knochendichte bei älteren Patienten verbessert werden.

kontrolliert
Die kontrollierte Ausführung der Bewegungsabläufe ist entscheidend, um Verletzungen während der Physiotherapie zu vermeiden.

kooperativ
Eine kooperative Haltung des Patienten erleichtert den Erfolg der Physiotherapie erheblich.

koordiniert
Bei der Physiotherapie sind koordinierte Bewegungen wichtig, um die Mobilität und das Gleichgewicht des Patienten zu verbessern.

mobil
Ziel der Therapie ist es, den Patienten wieder mobil zu machen.

muskelkräftigend
Die Übungen sind speziell muskelkräftigend und fördern die Stabilität.

nachhaltig
Eine nachhaltige Therapie sichert langfristige Verbesserungen.

passiv
Die passive Mobilisation hilft bei der Wiederherstellung der Gelenkbeweglichkeit.

präventiv
Präventive Maßnahmen können zukünftige Verletzungen verhindern.

prophylaktisch
Prophylaktische Übungen stärken den Rücken und beugen Beschwerden vor.

rumpfstabil
Eine rumpfstabile Haltung ist wichtig für die Wirbelsäulengesundheit.

sanft
Die sanften Dehnübungen reduzieren Muskelverspannungen.

schmerzempfindlich
Die Patientin ist schmerzempfindlich und benötigt eine schonende Behandlung.

schmerzfrei
Das Ziel ist es, den Patienten wieder schmerzfrei zu machen.

schmerzhaft
Die Bewegung kann anfangs schmerzhaft sein, sollte aber allmählich leichter werden.

schwach
Die schwachen Muskeln müssen gezielt aufgebaut werden.

schwerhörig
Der schwerhörige Patient benötigt eine visuelle Anleitung.

selbständig
Der Patient soll die Übungen selbständig zu Hause durchführen.

spontan
Eine spontane Verbesserung der Beweglichkeit ist manchmal möglich.

stabil
Ein stabiler Stand ist wichtig für das Gleichgewicht.

stabilisiert

Die Bandagen haben das Knie stabilisiert und vor weiteren Verletzungen geschützt.

standardisiert
Die standardisierten Übungen helfen, den Therapieerfolg zu messen.

stark
Durch das Training werden die Muskeln stark und widerstandsfähig.

strukturiert
Ein strukturierter Therapieplan führt zu besseren Ergebnissen.

symmetrisch
Symmetrische Bewegungen sind entscheidend für die korrekte Ausführung der Übungen.

therapeutisch
Die therapeutischen Maßnahmen zielen auf die Schmerzreduktion ab.

überlastet
Der Muskel ist überlastet und muss geschont werden.

unempfindlich
Die Haut des Patienten ist unempfindlich gegenüber Druck.

unkoordiniert
Unkoordinierte Bewegungen können das Verletzungsrisiko erhöhen.

unstabil
Ein unstabiler Gang erhöht das Sturzrisiko.

vital
Regelmäßige Bewegung hält den Körper vital und gesund.

vorbeugend
Vorbeugende Maßnahmen können zukünftige Beschwerden verhindern.

zielgerichtet
Die Übungen sind zielgerichtet auf die Stärkung der Rückenmuskulatur.

V.   Abkürzungen

Diese Abkürzungen sind in der physiotherapeutischen Praxis gängig und erleichtern die Kommunikation und Dokumentation:

ABD: Abduktion

ADD: Adduktion

AR: Außenrotation

ATG: Atemtherapiegerät

BGM: Bindegewebsmassage

CTS: Karpaltunnelsyndrom

ET: Elektrotherapie

Ext: Extension (Streckung)

Flex: Flexion (Beugung)

HR: Herzfrequenz (*Heart Rate*)

IR: Innenrotation

KG: Krankengymnastik

KMT: Klassische Massagetherapie

li.: links

MLD: Manuelle Lymphdrainage

MT: Manuelle Therapie

PAT: Patient/Patientin

PNF: Propriozeptive Neuromuskuläre Fazilitation

Pron: Pronation (Einwärtsdrehung)

PT: Physiotherapie/Physiotherapeut/Physiotherapeutin

PTA: Physiotherapie-Assistent/-Assistentin

re.: rechts

Rot: Rotation (Drehung)

Sup: Supination (Auswärtsdrehung durch Rotation)

UWM: Unterwasserdruckmassage

VO: Verordnung

WS: Wirbelsäule